Les lumières de David
Tome IV
Amour infini

Pour Alan et Aubrey,
Que cet ouvrage vous bénisse et vous inonde de l'amour de Jésus.

David
2.10.2024

David Pagès

Les lumières de David
Tome IV
Amour infini
Recueil

© Lys Bleu Éditions – David Pagès

ISBN : 979-10-377-8602-9

Le code de la propriété intellectuelle n'autorisant aux termes des paragraphes 2 et 3 de l'article L.122-5, d'une part, que les copies ou reproductions strictement réservées à l'usage privé du copiste et non destinées à une utilisation collective et, d'autre part, sous réserve du nom de l'auteur et de la source, que les analyses et les courtes citations justifiées par le caractère critique, polémique, pédagogique, scientifique ou d'information, toute représentation ou reproduction intégrale ou partielle, faite sans le consentement de l'auteur ou de ses ayants droit ou ayants cause, est illicite (article L.122-4). Cette représentation ou reproduction, par quelque procédé que ce soit, constituerait donc une contrefaçon sanctionnée par les articles L.335-2 et suivants du Code de la propriété intellectuelle.

LES LUMIERES
JESUS
DE DAVID

TOME IV

Du même auteur

- *Les lumières de David - Tome I - God Bless you*, 2021, Le Lys Bleu Éditions ;
- *Les lumières de David - Tome II - Je marche avec...*, 2022, Le Lys Bleu Éditions ;
- *Les lumières de David - Tome III - Création*, 2022, Le Lys Bleu Éditions.

Sommaire

Partie 1 - L'amour 19
Amour 20
Amour honnête 21
Force 22
Patient 23
L'amour et la foi 24
Non irritable 26
Non orgueilleux 28
Pas envieux 30
Pur 32
Pas égoïste 34
Bonté 36
Pas un jeu 38
Satisfaction 40

Partie 2 - Dieu 41
Louer Ton nom 42
Ton amour 43
Confiance 44
Sauvé par Ton amour 45
Tu me libères 46
Amour divin savoureux 47
Tu as pris 48
Rejoindre Son amour 50
Créatures bien aimées 52
Différent 53
Merci 54
Quelques mots 56

Partie 3 - Notre prochain **57**
Être mal 58
Un ancien 59
Parents 60
Un enfant 62
10 ans 64
Témoignage 66
Pasteurs 68
Tout le monde 70
Les autorités 72
« Déclaratif » 74
Bougie allumée 76
Sauvé 78

Partie 4 - Les obstacles à l'amour **79**
Peur 80
D'autres projets 82
Mensonge 84
Peur de l'engagement 86
Honte 88
Persécution 90
Offense 92
Trahison 94
L'inconnu 95
Non méritant 96
Paranoïa jalousie 97
Dispute 98

Partie 5 - Les bénédictions à l'amour 99
Diffusion 100
Rien 101
Plus de mystère 102
Mariage foi et amour 104
Bienveillance 106
Sagesse 108
Paix 110
Savoir changer 112
Champ d'amour 114
Délivrance 115
La grâce 116
Bénissons Ton nom 118

Partie 6 - Les sentiments 119
Intensité 120
Fidélité 121
Attachement 122
Exalté 123
Ressenti 124
Un amour 126
Une rencontre 128
Plénitude 130
Ma déclaration 132
Sentiment 133
Lettre capitale 134

Partie 7 - Évangélisation 135
Prophétie 136
Changer par amour 137
Acceptation 138
Où en es-tu ? 139
Ne recule pas 140

Préface

L'amour vu par Nickson, merci de t'être livré pour cette préface.

Je suis né dans la musique.

J'ai grandi dans une famille chrétienne, mon père étant à la tête d'une église, j'ai donc appris à chanter et à toucher les instruments avec la chorale de l'église chaque dimanche.

À l'adolescence, l'église m'ennuyait.

Je trouvais qu'il y avait trop de restrictions imposées par les hommes.

Aujourd'hui je connais la bible et je sais que je sers un Dieu d'amour et juste.

J'ai donc fait un tour dans le monde, un grand tour même (rires) car j'étais un artiste connu. J'en ai fait mon métier.

Grâce à ma musique j'ai également pu voyager dans plusieurs pays.

Je pensais être heureux mais la musique m'a rendu mauvais.

J'ai blessé beaucoup de personnes, surtout dans mes relations amoureuses.

J'ai été infidèle, violent physiquement et psychologiquement

Mais Dieu s'est révélé à moi en me rappelant ma vraie nature.

Il est passé par une rupture amoureuse pour que je revienne à lui.

D'ailleurs, j'en parle dans mon album qui s'intitule « Nouvelle condition ».

« L'amour de Dieu c'est la création.
L'amour de Dieu c'est la plus belle déclaration.
L'amour de Dieu c'est la paix procurée par l'espérance.
Être aimé éternellement c'est l'assurance. »

Préambule

L'amour, sentiment merveilleux, qui donne des palpitations au ventre, une gorge sèche, un étourdissement
Sentiment des plus agréables qui nous transporte…

Aimer ou être aimé, je prends les deux. Cependant un amour parfait sans embûche à part celui de Dieu qui est le même hier, aujourd'hui et demain je n'en connais pas.

Même si cela fait plus de onze ans que je vis avec ma femme, tout n'a pas été rose il y a eu des obstacles à surmonter. Cependant nous sommes unis et forts.

Ce poème j'aimerais le dédicacer
À ma moitié
Qui a toujours su m'encourager
Malgré les difficultés.

Toujours avec moi
Toujours prête au combat
Elle a toujours dit OUI
À mes choix de vie.

À travers donc ce poème
J'aimerais te dire je t'aime
Te dire que je suis reconnaissant
De tout ton investissement.

Dans l'ombre, je sais que tu pries
Pour que je me sente épanoui
Je ne te le dis peut-être pas assez
Mais merci pour tout ce que tu fais

Tu es une mère et une épouse magnifique
À tes côtés ma vie est féerique
Oui il nous arrive parfois de s'engueuler
Mais nous formons qu'un pour l'éternité.

Merci de m'aider dans mon appel
Merci de m'avoir fait rencontrer l'Éternel
Aujourd'hui tu mérites que je t'éclaire
Car pour moi tu es ma lumière.

Je prendrai soin que tu continues de briller
Et pour cela je ne m'arrêterai jamais de prier.

L'amour des parents est comme l'amour d'un enfant, il est merveilleux et doux. J'aimerais vous faire partager un écrit que mes parents m'ont adressé.

Fiston
Nous ne sommes pas des poètes
Mais on t'envoie ce petit poème
Car nous sommes des parents honnêtes
Et on t'aime.

Nous sommes fiers de toi
Et nous sommes heureux
Quand on te voit c'est une grande joie
On ne veut pas que tu sois malheureux

Mais si un jour nous quittons la route et que c'est fini
On sera toujours à tes côtés
Tu nous donneras des nouvelles par cibi

> Tu es notre fils au fond de notre cœur
> Tes vieux t'embrassent très fort
> Du courage pour une longue vie en or
> On te salue, le baroudeur.

À travers ce recueil nous allons voir que l'amour est infini et s'adresse aussi bien à sa moitié, sa famille, ses enfants mais surtout à Dieu. Rendons-Lui grâce et remercions-Le pour tous Ses bienfaits.

Son amour est le même hier, aujourd'hui et éternellement. Quelle grâce !

Je vous laisse plonger dans cet océan d'amour, en espérant que vous en ressortirez revigorés et prêts à diffuser encore plus l'amour autour de vous.

Bonne lecture !

Partie 1
L'amour

> *L'amour est patient, il est plein de bonté ; l'amour n'est pas envieux ; l'amour ne se vante pas, il ne s'enfle pas d'orgueil, il ne fait rien de malhonnête, il ne cherche pas son intérêt, il ne s'irrite pas, il ne soupçonne pas le mal.*
>
> 1-Corinthiens 13 :4-5

Amour

L'amour on en a besoin
Du début à la fin
De notre existence
Du moins c'est ce que je pense.

Qui peut répondre au mieux
À ce besoin à part Dieu
Étant l'alpha et l'oméga
Il est partout à la fois.

À Tes côtés
On se sent en sécurité
Ton amour est parfait.

Ton amour puissant
Nous aide à chaque instant.
Merci de répondre toujours présent.

Merci de Ton amour
Tu me l'as donné un jour
Je te le rendrai toujours

À travers les chants
Mon Seigneur est encore plus grand
J'élève alors ma voix
Par amour pour Toi.

Tu es entré dans mon cœur
Tu enlèves mes peurs
Nous T'élevons Ton Saint Nom
Et par amour nous T'exaltons.

Amour honnête

Nous manquons de sincérité
Mais aussi d'honnêteté.
Disposé à tricher,
Frauder ou tromper
Nous ne sommes pas prêts
À être inondé
De l'amour de notre Seigneur bien aimé.

Nous devons changer
Mieux se comporter.
Sans hésiter
Son amour est vrai
Interdiction d'en douter
Continuons à avancer
Vers cet amour insensé
Que Dieu veut nous donner.

Rempli de pureté
Il est si bon à porter
À emmagasiner
Alors arrêtons de traîner
Arrêtons de diverger

Ouvrons notre cœur brisé
Et prenons cet amour parfait.
Il saura nous combler.
Alors prêt à l'essayer ?

Force

Oh Seigneur
Brisé est mon cœur
Oh mon Sauveur
Retire mon malheur.

Tout s'abat sur moi, pourquoi ?
Oh Seigneur, je t'en prie aide-moi
Pour Toi j'élève la voix
Oh Seigneur j'ai besoin de Toi.

Oh Seigneur Jésus Christ
Pourquoi tant de tragédies ?
Pourquoi suis-je si démuni ?
Oh Seigneur Tu es là merci.

Je Te sens, Ton amour est ma force
Comme un arbre et son écorce
Ton amour me protège des problèmes
Oh Seigneur que je T'aime !

Cet amour ne se brisera jamais
Cet amour est telle une armure de chevalier
Une fois revêtue, les soucis partent au loin
Oh Seigneur merci pour cet amour Divin.

Oh Seigneur je loue Ton nom puissant
À genoux je Te suis reconnaissant
De cet amour, de cette force diffusée
En moi, merci de me l'avoir donnée.

Oh Seigneur Ton amour est une joie
Oh Seigneur quel honneur d'être à Toi.

Patient

Prends ton temps
Vois comme Il est grand
Voici ce qui est important

Rien ne sert de te dépêcher
Dieu saura te canaliser
Et te maîtriser

Bien sûr qu'Il sera ravi
Que tu lui donnes rapidement ta vie
Que tu Lui dises toujours oui

Il ne veut pas t'oppresser
Mais par Son amour parfait
Il saura te toucher.

En attendant
Il t'attend sagement
Il sait quand sera ton moment.

Dieu est doté d'une grande patience
Aussi grande que Son amour immense
Et que Sa puissance.

Dans la vie il y a des opportunités
Qu'il faut saisir sans hésiter
Il ne faut pas vivre dans les regrets.

Quand tu es prêt, ouvre ton cœur et reçois-le
Cet amour qui rend léger et heureux
Que te donne sans hésiter Dieu.

L'amour et la foi

Dans une salle, le noir est complet
Je panique, je ne sais pas où aller
Je me demande que dois-je faire
À genoux, je commence une prière

Puis l'obscurité fait place à présent
À un changement
Je vois ainsi sur le mur de cette pièce
Un interrupteur, je me lève et m'empresse
À l'activer… Tout s'allume, je vois mieux
J'ai en fait activé ma foi envers Dieu

Ce noir représentait mon état d'esprit
Celui de ne pas aimer ma vie
Mais Dieu m'a parlé et m'a corrigé
Me faisant comprendre que je me trompais.

La vie est belle même si quelquefois
Des obstacles surgissent face à toi
Surtout ne te morfonds pas dans tes idées
D'incompris, mal aimé ou rejeté
Fais appel alors au Seigneur
Il saura panser les blessures de ton cœur

Aie foi en Lui à chaque instant
N'oublie pas Dieu est là et Il est grand.
C'est un Dieu d'amour et de promesses
Remplis-toi de Lui et de Sa sagesse.

Tu peux activer cet interrupteur à tout moment
Mais fais-le tant qu'il en est encore temps.

Non irritable

Il est écrit
Dans la Parole de vie
L'amour ne s'irrite pas
Alors je parle en moi..

Corriger
Est-ce mal aimer ?
Gronder
Est-ce ne pas aimer ?

Je ne pense pas
Et toi ?
L'amour de Dieu en est l'exemple parfait
Il sait parfaitement le doser.

Bienveillance, corrections et encouragements
Se mélangent comme quand on crée un chant
Où plusieurs notes, mots et instruments
Font une œuvre puissante quand on l'entend.

L'amour c'est donc savoir aider
Soutenir, relever une personne tombée
L'amour c'est également
L'aiguiller pendant que c'est encore le moment.
Même si c'est dur

Gardons une démarche pure
L'amour peut sauver des ennuis
Alors foncez mes amis.

Un amour pur et sincère
Équivaut à une prière
Il se répand il fait du bien
Non irritable l'amour doit être donné sans fin.

Non orgueilleux

L'amour n'a pas besoin d'être défini
Pour être ressenti
Ou simplement compris.

L'amour quand il est diffusé
On le sent s'éparpiller
Avant de continuer à avancer.

L'amour c'est si merveilleux
Jamais sale, jamais orgueilleux
Il est à l'image de Dieu.

Pur, encourageant, agréable
Surtout quand il est palpable
Il nous rend tous capables.

Il nous remet à notre place
Il nous sort de grandes impasses
Avec lui l'orgueil on le chasse.

Rester humble et soi-même
Tout faire pour solutionner les problèmes
C'est comme ça que les gens nous aiment

L'amour n'a pas de frontière
N'oublions pas nous sommes la lumière
Mais aussi le sel de la Terre

L'amour est donc fort et puissant
Il peut te transcender à chaque instant
Comme Dieu tellement il est grand

Pas envieux

Je le veux
Voilà ça commence tu es envieux
Tu regardes ce que j'ai
Et ce que j'ai acheté.

Tu n'en as pas du tout besoin
Mais tu fais un caprice de gamin
Tu vis à travers des envies
Tu attends qu'on te dise toujours oui

Tu n'aimes pas la réussite d'un proche
Du dépit peut sortir de ta poche
Des fois tu peux avoir des idées malveillantes
Avoir des remarques blessantes.

Quand tu vois que tu causes du tort
Stoppe tout avant d'avoir des remords
Diffuse l'amour de notre puissant Dieu
Lui n'a pas de convoitise, il rend heureux

L'avoir dans son cœur est merveilleux
Mais le partager est encore mieux
Apprendre à donner sans retour
C'est le principe de l'amour.

En espérant que ces mots t'aideront
Dans tes difficiles situations
N'oublie pas le Seigneur est bon
Son amour est une vraie perfection.

Pur

Il ne cherche pas à blesser
Il ne cherche pas à t'offenser
Il essaye de trouver
Avec toi l'équilibre parfait.

Il ne cherche pas à t'humilier
Il ne cherche pas à te rabaisser
Il essayer à te donner
Avec lui une force démesurée.

L'amour n'a pas vraiment de défauts
En fait, en réfléchissant il en a zéro
Il ne fait pas de mal, il est non nuisible
Il veut te toucher telle une flèche et sa cible

Trouvé, Il t'a touché
Trouvé, Il t'a transformé
Sois abondamment béni
Par l'amour de Jésus Christ

Ne te cache donc plus
Baignant dans l'amour de Jésus
Propage et inonde
Ce bienfait sur tout le monde.

Cet amour est pur
Tu verras au fur et à mesure
Quand tu seras attaqué il sera ton armure
Quand tu auras froid ce sera ta couverture

Vive l'amour !
Qu'il règne dans ton cœur pour toujours !

Pas égoïste

Dring dring ça sonne à mon cœur
Je l'écoute, il est en pleurs…
Il me dit j'ai quelque chose à t'apprendre
Il faut que t'arrives à le comprendre
C'est très important
Écoute attentivement :

L'amour de notre père est parfait
Il ne cherche pas son intérêt
Il veut qu'il soit diffusé
Pour toutes les âmes qui restent à sauver

J'écoute ces paroles sincères
Je comprends ma mission sur Terre
Écrire l'amour et les mots de Dieu
Pour un avenir plus radieux
Pendant que je réfléchis
Mon cœur poursuit

« Ne sois pas donc égoïste
Tel un avion qui s'envole de sa piste
Cet amour doit te faire décoller
Et apprendre qui tu es »

Une fois le message fini je médite sur ce que j'ai reçu
Je commence par remercier Jésus
Je réalise la grâce que j'ai au quotidien
D'être aimé par notre Roi Divin.
J'espère que ce poème t'aidera aussi
À sentir cet amour infini

Bonté

Je suis en joie
À chaque fois
Que je parle de Toi
Ou que je Te vois

Je suis content
À chaque instant
Que je T'entends
Audiblement

Que Ta bonté
Que Ta pureté
Remplissent mon cœur
De Toi Seigneur.

Ton amour apporte le bien
À tout à chacun
C'est pourquoi il est important
De le savourer à chaque instant

Ton amour nous rend indulgents
Ton amour nous rend bienveillants
Que j'aime Ton amour, il est si doux
Que j'aime chaque jour le diffuser partout.

En transport, dans ma famille, au travail
Pour éviter toutes représailles
Je me blinde de Ton amour parfait
Je me blinde de Ton amour plein de bontés

Pas un jeu

L'amour n'est pas un jeu
Il est donné par Dieu
Il permet de s'attacher
Et ne pas chanceler.

L'amour aide à se fortifier
Nous aide à avancer
D'où l'importance d'être sincère
Quand on dit je t'aime à un être cher.

C'est vrai que ça peut faire peur
Mais l'amour c'est aussi un vrai bonheur
Surtout quand on peut le partager
Alors ne joue pas sois dans le vrai.

Aimer ses parents, ses enfants
C'est très important
Aimer le Seigneur tout puissant
L'est tout autant.

Quand il donne, il ne triche pas
Sois toi-même car c'est comme cela
Que Dieu et tes différentes relations
T'aiment alors ne demande pas d'explications.
Profite de tout cet amour
Que tu recevras en retour

Satisfaction

À travers donc ces différents écrits
L'amour a essayé d'être défini
Dans la suite du recueil nous verrons
Aussi ses obstacles et ses bénédictions

Je vous souhaite d'être édifiés
Dans ces œuvres inspirées
Du Saint-Esprit
Et des moments de notre vie.

Peut-être que cela parlera à votre cœur
Car ces mots écrits viennent du Seigneur
N'oubliez pas Il connaît toute vérité
Avec lui impossible de tricher.

En tout cas moi j'aime ce qu'Il m'apporte
Je suis content qu'Il ait frappé à ma porte.
Je suis vraiment un homme heureux
Je T'aime mon Dieu.

Si comme moi vous restez
Dans Ses pas
Nul doute que vous recevrez,
Son amour parfait et infini.
Donc n'attendez pas,
Soyez bénis. ...

Partie 2
Dieu

> *Personne n'a jamais vu Dieu. Si nous nous aimons les uns les autres, Dieu demeure en nous et son amour est parfait en nous.*
>
> 1 Jean 4 : 12

Louer Ton nom

Quand je loue le Seigneur
Je sens quelque chose dans mon cœur
Un sentiment puissant m'envahit
Son nom : l'amour de Jésus Christ

Mon corps part en balade
Mon cœur bat la chamade
Pour Toi de ma bouche sortent les plus beaux
Versets, cantiques et mots
Qui puissent exister
Pour, du mieux possible, T'honorer.

Je ne suis donc plus
Sur Terre mais avec Toi Jésus
Mon esprit se connecte avec Toi
Tes bras s'ouvrent à moi.

Je me dirige vers eux
À genoux, je ferme les yeux
Je Te déclare mon amour pour Toi
Je commence à pleurer de joie

Tellement puissant ce que je ressens
Tellement puissant d'être un de Tes enfants.
Tu nous aimes comme on est
Tu nous aimes sans préjugé
Merci de si bien nous accompagner.

Mais aussi pour Ta grâce au quotidien
Qui m'a permis de prendre le chemin
De Ton amour et de mon destin.

Ton amour

Ton amour parfait
Me pousse à me lever
Afin d'honorer
Ton amour insensé.

Tu es le même hier, aujourd'hui, demain
Tu as vraiment un amour Saint
En moi tu as mis Ton amour
Je marche avec lui tous les jours.

Ton amour circule en moi
De la tête aux pieds en passant par les bras.
Ces bras que je tends vers Toi
Qui as su me rattraper quand ça n'allait pas

Tu as su me consoler,
Me pardonner
Mes péchés
Ton amour est vraiment parfait.

Tu sais T'adapter à chacun de nous
Puisque Tu connais tout
Pour Toi nous n'avons pas de secret
Ton amour nous lie à Toi à jamais.

Toi et moi nous sommes réunis
Je T'ai pris, mis dans ma vie
C'était le 4 avril 2021 où je T'ai dit oui
Depuis, avec Ton amour, tout me réussit
Plus qu'une chose à Te dire MERCI

Confiance

Confiance aveugle en Toi
Tu ne me juges pas
Tu précèdes mes pas
Tu vis entièrement en moi.

Tu sais me dire stop quand il faut
Avec Toi je sais ce que je vaux
Ta présence enlève mes doutes
Avec Toi sereinement je prends la route.

Ta bienveillance et Ton amour
Je les sens tous les jours
Tous les deux nous sommes en fusion
Tu me fais prendre les meilleures décisions

À Tes côtés je me sens valorisé
Ton amour m'aide à me transcender
Cette couverture invisible sur moi
Me permet de me sentir en joie.

Je n'aime pas Te causer du malheur
Je veux qu'on partage toujours un bonheur
Intense, fort, puissant et inégalé
Pour que les gens puissent nous aimer.

L'amour est un socle important
Surtout en ce moment
Où la vie s'endurcit
Merci d'être à mes côtés Saint-Esprit

Sauvé par Ton amour

L'amour que Tu me portes
Littéralement me transporte
J'aime me sentir à Tes côtés
J'aime vivre en toute tranquillité.

Je T'ai nommé chef de mon cœur
Je T'ai élu comme mon Sauveur
Ton amour a effacé mes péchés
Je ne peux dès lors que T'aimer.

Tu m'as sans réserve pardonné
Par Ton sang qui a coulé
Tu as pris la souffrance de l'Humanité
À bout de bras sans hésiter.

Quel amour merveilleux
Des larmes sortent de mes yeux
Quand chaque fois je repense
À cette grâce immense.

Cet amour n'a pas de comparaison
En Toi alors nous mettons
Tout l'amour et le respect
Que Tu es en droit d'espérer.

Malgré notre côté imparfait
Tu ne cesses de nous relever
De nous encourager
À tendre vers la pureté.

Merci Jésus pour ce que Tu fais
Gloire à Toi Seigneur adoré

Tu me libères

N'avançant plus, je suis perdu
Oubliant toutes mes vertus
Tu me dis « livre-toi à Moi »
Risquant de déplaire aux gens autour de moi
Et d'être rejeté mais j'accepte ce pas de foi.

Dieu peut aider dans notre errance
Il est doté de toutes les puissances
Et peut anéantir ce qui est mauvais
Unissons-nous alors à ce Dieu parfait.

Et même si parfois c'est compliqué
Sache que Dieu n'est pas pressé
Tout ce qu'il veut c'est pouvoir t'aimer.

Alors ne doute pas un seul instant de Lui
Mange, dors, médite et prie
Ose aussi te confier à Lui sans pudeur
Un jour Il te délivrera de tes malheurs
Reconnais donc Le comme ton sauveur

Aie confiance en Son amour insensé
Même si tu penses ne pas le mériter
Entre Ses mains, j'ai mis ma vie
N'attends plus si tu veux être béni aussi

Amour divin savoureux

Pourquoi prendre mesure
De cet amour si pur ?
Pourquoi mettre des mots
Sur cet amour si beau ?

Pourquoi avoir des doutes
Sur cet amour qui mène à une belle route ?
Pourquoi se cacher
De cet amour parfait ?

Pourquoi essayer de qualifier
Cet amour insensé ?
Pourquoi ne pas tout simplement
L'accepter pour devenir encore plus grand ?

On se pose des questions
Pour multiples raisons
Mais pourquoi autant de réflexions ?

J'avoue je suis quelqu'un qui s'en posait
J'avoue que des fois cela pouvait user
Mais aujourd'hui par la foi j'essaye de changer

Je sais que ce n'est pas évident
Mais Son amour puissant
À mon égard m'a changé littéralement.

Ainsi je savoure
Son amour
De tous les jours
Et je veux Lui rendre grâce pour toujours.

Tu as pris

Jésus Tu as tout donné
Pour l'Humanité
Acceptant les coups de fouet
Jusqu'à saigner.

Jésus Tu as pris sur Toi
Tu as accepté les crachats,
Pardonné à Judas
En gardant intacte Ta foi

Jésus Tu as pris des coups
Par amour pour nous
Tu as été traîné dans la boue
Sali, Tu as tenu jusqu'au bout.

Jésus Tu as supporté les moqueries
De gens qui n'avaient pas compris
Que s'ils changeaient d'avis
Plus belle serait leur vie.

Prenant conscience
De ce sacrifice, de Ton endurance
Je ne veux pas Te faire offense
Mais profiter de Ton amour immense.

Merci donc de Ton amour, de ce que Tu as fait
Chaque jour mes prières Te sont dédiées
Merci Seigneur pour cet amour parfait,
Et insensé qui nous a délivrés du péché.

Rejoindre Son amour

Si tu penses être attaqué
Par des critiques infondées
De ton patron
Ne l'attaque pas de front.

Même si ce n'est pas évident
Reste à ta place à présent
C'est dans la difficulté
Que l'amour de Dieu peut être révélé.

C'est en effet dans ton inconfort.
Que tu te sentiras encore plus fort.
Reste dans ton désert, fortifie-toi
Lis la Parole et tu y arriveras.

En effet il faut rester debout
Malgré les mauvais coups
Dieu est puissant
Dieu a Ses plans.

Il sait ce qu'Il fait
Il sait ta destinée
Alors ne commence pas à douter
Mais marche toujours à Ses côtés.

C'est peut-être facile à dire
Encore plus facile à écrire
Et pourtant c'est la vérité
Car beaucoup l'ont expérimenté.

Alors quand le temps devient menaçant
Abrite-toi rejoins-Le rapidement.

Créatures bien aimées

La Bible dit de tuer les animaux pour se nourrir
Mais les animaux on doit surtout et aussi les chérir.

En effet, nous devons nous rappeler
Qu'ils sont les créatures bien-aimées
De Dieu notre créateur
On doit donc les aimer de tout notre cœur

Alors certes certains les tuent
Mais au nom de Jésus
On doit éviter de les massacrer
On doit les respecter.

L'amour de Dieu est donc important
Et doit se répandre rapidement
Pour nous et les animaux
Si on est tous unis, l'amour est beau.

Vivre en harmonie totale
Entre nos frères et le monde animal
Avoir l'équilibre avec toutes Ses créations
Se fait par l'amour et sa propagation…

Différent

Diffèrent
Je sais que je suis différent
Et pourtant…

Que je T'aime, que je T'aime Seigneur
Tes mots remplissent mon cœur
Avec Toi mon existence rime avec bonheur
Tu es ma vie, Tu es mon sauveur

Différent
Je sais que je suis complètement
Différent

Mais que je T'aime, que je T'aime mon Dieu
Ta Parole me rend heureux
Sans Toi je suis frileux, avec Toi je suis en feu
Je suis devenu un homme audacieux.

Différent
Je suis devenu différent
Maintenant.

Que je T'aime, que je T'aime Roi des rois.
Merci d'avoir fait de moi
Un homme qui ne doute pas
Un homme de foi

Merci

Contrairement à une pluie torrentielle
Ton amour n'est pas tombé du ciel
Mais par Ta grâce insensée
Je ressens Ton amour parfait.

Merci Seigneur
D'avoir lavé mon cœur
Merci Seigneur
D'avoir réparé mon cœur

Comme brille intensément le soleil
Ton amour en moi est une merveille
Il brûle en moi telle une boule de feu
Je t'aime si fort mon Dieu.

Merci Yahweh
De m'avoir pardonné
Merci Yahweh
D'avoir effacé mes péchés.

Comme une confiture étalée sur du pain
Ton amour j'en ai besoin
La confiture donne du goût à cet aliment
Ton amour donne à ma vie du piment.

Merci à Toi Roi des rois
Pour tout ce que Tu fais pour moi
Merci à Toi Roi des rois
Je me sens bien avec Toi

Quelques mots

Reconnaissance
Obéissance
Ces mots ont changé mon existence ;

Ton amour
Donné un beau jour
A changé ma vie pour toujours

Quelques mots pour Te dire merci
À quel point j'aime la vie
Que Tu m'as bâtie.
Quelques mots d'affection
Reçus en guise de bénédictions
Pour grandir en Ton nom.

En quelques mots…

Un homme qui croit
Un homme de foi
Un homme qui avance à grands pas
Vers Toi…

Quelques mots mélangés dans mon cœur
Sortent en moi pour parler du Seigneur
Et vous faire partager mon bonheur
De le suivre sans pudeur.

Son amour a pris le dessus
Sur mes péchés et mes vertus
Au nom De Jésus
J'en suis convaincu.

Partie 3
Notre prochain

> *Une femme oublie-t-elle l'enfant qu'elle allaite ?*
> *N'a-t-elle pas compassion du fils qui est sorti de son ventre ?*
> *Même si elle l'oubliait,*
> *moi je ne t'oublierai jamais.*
> *Vois ! Je t'ai gravée sur mes mains.*
> *Tes murailles sont constamment devant moi.*
>
> Ésaïe 49 :15-16

Être mal

Tu te sens mal et rejeté ?
Incompris voir mal aimé ?
N'aie pas peur ce n'est qu'une impasse
N'aie pas peur de briser la glace

Va voir la personne qui t'a causé du tort
Ne vis avec aucun regret, aucun remords
Discute avec elle, prends le temps
De lui parler, de l'écouter et sois patient

Un jour elle te demandera pardon du mal
Qui t'a fait devenir tout pâle
Il faudra alors essayer d'accepter
Ses excuses et oublier le passé.

Mais sache que de toi-même
Tu peux résoudre le problème
Il te suffit d'aller la voir directement
Et lui parler tranquillement.

Dans les deux cas une discussion avec amour
Et le mal-être disparaîtra un jour
Prends du recul, pose-toi dans un coin
Et n'oublie pas : on doit aimer son prochain.

La bible dit
De prier pour ses ennemis
Alors ce n'est pas
Quelques éclats de voix
Qui doivent te faire
Perdre un être cher.

Un ancien

On juge par nos yeux
Quelqu'un de trop vieux
On se dit alors avec assurance
À quoi sert sa présence ?

Mais laissez-moi vous dire
Que c'est beau de vieillir
Plus tu vieillis
Et plus tu es un témoignage réussi.

En effet une personne avec un tel vécu
Peut t'aider si tu te sens perdu
Elle saura alors te conseiller
Dans les difficultés.

Ne la rejette pas
Mais aime-la
Elle a beaucoup à apporter
Arrête de la critiquer.

Oui sa tête part des fois en biberine
Mais elle a bonne mine
Par sa foi elle s'est renforcée
Jésus l'a aidée.

En retour
Elle te donne tout son amour
Alors prends sa main dans la tienne
Marche dans l'amour et non la haine.

Un ancien est très important
Mais on le néglige trop souvent

Parents

Honorer ses parents
Que c'est important !

Tu peux ne pas approuver
Leur manière de penser
Tu peux évidemment
Penser autrement

Tu peux ne pas écouter
Leurs conseils avisés
Tu peux leur dire non
Selon la situation

Mais leur manquer de respect
Ça non jamais
En effet qui tu es
Pour les rejeter ?
Les juger
Les incriminer ?

Alors qu'ils ont tout fait
Juste parce que tu as envie de te rebeller
Tu décides de tout claquer

Mais n'oublie pas qui ils sont
Ils n'ont pas toujours raison
Mais témoigne-leur ton amour
Montre-toi sous ton meilleur jour.

Montre que ce qu'ils t'ont enseigné
A permis d'être la personne que tu es
Sache que personne sur Terre n'est parfait
Alors comme je t'ai dit respecte-les

Un enfant

Guider son enfant vers Toi
Je n'y résiste pas
C'est pourquoi
Je l'emmène avec moi
Dans les moments de joie
Que je partage avec Toi.

Je veux que Tu sois sa lumière
Que Tu sois son Père
Que Tu le sortes de la misère
Seigneur exauce ma prière
Donne-lui de Ton amour sincère
Casse ainsi son cœur de chair.

Ne pouvant le garder à cause de ma santé
Je Te le confie sans hésiter
Je sais qu'avec Toi il sera bien gardé
Il sera en totale sécurité
Merci Seigneur de l'aimer
Pardonne-moi mes péchés.

Ton amour m'a aidé dans mes soucis
Il a littéralement transformé ma vie
Merci à Toi Jésus Christ
Quel privilège de T'avoir dit oui

Ton amour est une lumière en pleine nuit
Vive, belle et rassurante, elle nous éblouit.

Ne voyant que par elle,
On avance vers cet amour inconditionnel
Rendant notre vie plus belle.

10 ans

Un poème que j'aimerais
Vous faire partager
Écrit par ma femme
Pour me déclarer sa flamme

Eh oui dix ans mon cœur
Que tu me combles de bonheur
Notre amour est si parfait
Que j'ai l'impression de rêver

Dieu a décidé
De nous unir à jamais
Ce pas de foi je l'ai fait
Et aujourd'hui un couple en feu est né

Qu'au centre, Tu sois notre noyau
Qu'à la première place Tu resteras
Afin de ne pas faire chavirer notre bateau
Et que nos yeux soient fixés sur Toi

Un très bon anniversaire de rencontre
Que notre amour tienne contre
Vents et marées
Je t'aime et ce pour l'éternité.

Voilà le cadeau magnifique que j'ai reçu
Merci à ma femme qui a toujours su
M'apporter ce dont j'avais besoin
Et ce au quotidien.

Je vous souhaite aussi
De trouver dans votre vie
Une moitié qui vous conviendra
Et qui vous aimera.

Témoignage

Un soir d'été, c'était précisément en juillet
Avec un frère nous sommes allés filmer
Le témoignage d'une sœur qui m'a bouleversé

Les mots ne seront pas assez puissants
Pour évoquer cet étrange sentiment
Que nous avons ressenti en un instant.

Malgré la dureté de sa vie, elle s'est battue
N'a jamais renoncé au nom de Jésus
Par son amour elle s'est toujours défendue.

Génocides, rafles, camps de concentration
Ont rythmé ses jours et ses saisons
Mais Dieu a toujours été sa passion.

Même quand elle a perdu son mari, son bébé
Même si parfois elle était un peu « fâchée »
Contre Dieu, son sort elle l'a accepté.

N'a jamais rien lâché par amour, par foi
Chaque jour, pour elle était un combat
Aujourd'hui elle vit en paix malgré tout ça.

L'interview s'est terminé, j'étais abasourdi
J'ai pris une vraie leçon de vie…
Avec mon frère nous sommes partis

On s'est regardés dans les yeux
En se disant : Gloire à Toi mon Dieu
Soyons comme elle quand on sera vieux.

Pasteurs

Aimer son assemblée
Malgré les difficultés,
Les caractères de chacun
Et ses différents besoins.

Loin d'être facile
Je dirais même très difficile
Dans mon église j'ai deux pasteurs
Qui mettent tout leur cœur
Pour arriver à cette mission
Bravo à eux pour ce qu'ils font.

Je l'ai toujours dit
Mais encore plus depuis
Que je prends des cours de théologie
Leur message est vraiment parfait
Compréhensible et bien ficelé
Ils sont vraiment de bons bergers.

Aimons-les sans hésiter
Ils sont là pour nous fortifier
Nous transmettre la parole du Seigneur
Ils doivent avoir leur place dans notre cœur.

Oui des fois la prédication peut te déplaire
Mais pourquoi être une personne incendiaire
Vois toute l'activité qu'ils font au quotidien
Être pasteur c'est un travail à temps plein

Portons-les donc dans la prière, soutenons-les
Comme nous ils peuvent être dans la difficulté

Tout le monde

Ton prochain peut être un ami
Mais aussi ton mari
Ta femme ou tes enfants
Également tes grands-parents

Un prochain peut être un voisin
Musulman, bouddhiste ou chrétien
Ton prochain est peut-être devant toi
Et par orgueil tu ne le vois pas.

Pourtant tout le monde a droit
À un amour même maladroit
Mais l'essentiel est ailleurs
L'essentiel est de faire battre des cœurs

Rien de tel alors que de les gonfler d'amour
De leur donner de la superbe tous les jours
Un cœur rempli d'amour reste délicat
Il faudra toujours le suivre pas à pas

Il peut très vite être meurtri et blessé
Il faut donc très bien s'en occuper
Laissant place à l'amour de notre Sauveur
Il ne pourra alors se sentir que meilleur.

Fragile, sensible, rayonnant, beau et doux
L'amour de son prochain n'est pas tabou
Au contraire plus on s'aimera beaucoup
Et plus Dieu sera parmi nous.

Alors dorénavant dès que tu vois quelqu'un
Aime-le, ne te détourne pas de son chemin.

Les autorités

Les autorités bien que critiquées
Bien qu'elles ne soient pas aimées
Nous devons les respecter
Les aider et pour cela il faut prier.

Tu peux être contre un vaccin, une loi
Mais tu ne dois pas
Juger ou critiquer le gouvernement
Même si tu n'en es pas content.

À toi de prendre tes responsabilités
À toi de choisir selon tes idées
Mais si les présidents ou les monarchies
Existent c'est que le Seigneur l'a permis.

Jésus était proche des siens
Il était contre les pharisiens
Mais il ne se rebella pas
Il resta ainsi fixe et droit.

Il connaissait ses valeurs
Il savait pour qui battait son cœur
Il a même demandé de prier
Pour les gens qui nous ont offensés.

Alors respecte cette autorité
Évite de la blâmer
Tu dois t'y plier
Même si tu as de meilleures idées

« Déclaratif »

Envie de t'écrire un poème
Te dire à quel point « je t'aime »
Mais les mots sont insuffisants
Et pas assez puissants.

Malgré les difficultés
Éprouvées depuis que je t'ai rencontrée
Ma vie a pris un beau tournant.
Je suis un homme à présent.

Tu m'as aimé rapidement
Tu as su m'aider par moments
À mes yeux tu es la femme de ma vie
Le 8 juin 2019 tu m'as dit enfin « oui », merci

Je suis donc ton mari, j'ai un foyer
Dans lequel je dois prendre autorité
Tu m'as ouvert les yeux
Tu m'as fait connaître Dieu.

Pour sceller cet amour pour l'éternité
Le 4 avril 2021 je me suis fait baptiser.

Merci de ton amour Emmanuelle
Merci de me faire ouvrir les ailes
Vers des destinations inconnues
Avec comme chef de bord Jésus.

Certes nous avons chacun notre destinée
Mais nous avons un profond respect
L'un pour l'autre et c'est ce qui nous fait
Ne pas douter que notre amour est parfait

Bougie allumée

La lumière brille au fond de toi
Mais pourquoi tu ne la partages pas
Pourquoi, oui pourquoi
Tu la gardes que pour toi.

J'en aurais tellement besoin
Cela m'aurait fait tellement de bien
De voir cet éclaircissement briller au loin
Alors pourquoi tu l'as éteint ?

Je ne comprends pas ton comportement
Agressif limite méchant
Redeviens s'il te plaît comme avant
Pourquoi as-tu changé si brutalement ?

On avait cette grâce de pouvoir apporter
Cette chaleur et luminosité
Pour toutes ces âmes à sauver
Alors pourquoi tu t'es arrêté de briller ?

Je viens vers toi muni d'un briquet
Pour rallumer ta bougie égarée
Je veillerai sur toi tel un nouveau-né
Pourquoi ? Parce c'est ma destinée.

Nous devons marcher ensemble
Même quand la terre tremble
Nous devons rester forts et unis
Au nom de Jésus, j'allume ta bougie.

Au nom de Jésus je déclare qu'elle s'éteindra
Plus jamais car Dieu marche toujours avec toi

Sauvé

Un soir de maraude, je t'ai rencontré
Tout de suite tu m'as impressionné
Ton français n'était pas maîtrisé
Mais te faire comprendre tu y parvenais.

Chaque fois que l'on te voyait
Tu respirais la gaieté
Mais un jour tu as fréquenté
Des mauvaises personnes et tu as trébuché.

Plus les jours passaient, plus tu sombrais
Un jour tellement alcoolisé
Par terre on t'a retrouvé
Le fond tu avais touché.

Tu vivais dans une tente délabrée
Tu passais ton temps à boire et te droguer
Les arbres te permettaient de te cacher
Jusqu'au jour où la police a débarqué

Tu as pris ton polochon, tu as déménagé
Tu t'es construit tout doucement un foyer
Avec douche, cuisine et WC
Tu as arrêté de te saouler et piquer.

Ta rencontre avec Jésus t'a bouleversé
Tu vas à l'église pour te ressourcer et prier
Tout ton entourage l'a remarqué, tu as changé
Aujourd'hui tu es même prêt à te baptiser.

L'amour de Jésus t'a sauvé, tiens-toi prêt
Ta nouvelle vie va commencer

Partie 4
Les obstacles à l'amour

> *Il n'y a pas de peur dans l'amour ; au contraire, l'amour parfait chasse la peur, car la peur implique une punition. Celui qui éprouve de la peur n'est pas parfait dans l'amour.*
>
> 1 Jean 4 :18

Peur

J'ai peur de l'avenir
J'ai peur de souffrir
Accueille-moi
Dans Tes bras

Oh Seigneur aide-moi
À affronter le combat
Oh Seigneur aide-moi

Même si je connais
Tes plans, ma destinée
J'ai peur de laisser
Des gens sur le côté

Oh Seigneur aide-moi
À affronter les lois
Oh Seigneur aide-moi
À combattre cela.

Besoin de Toi, de Ton amour
Besoin de Toi chaque jour
Je ne suis pas parfait
J'ai peur de blesser…

Oh Seigneur sois avec moi
J'ai peur de tout cela
Oh Seigneur
Merci de laver mon cœur.

D'autres projets

Je ne médite et ne lis plus
Je m'éloigne de Jésus
Je reste un cœur chrétien
Mais d'autres projets sont sur mon chemin

Je dois faire ma maison, avoir des enfants
Tant que je peux et que j'ai de l'argent
J'achète les meilleurs matériaux
J'utilise les meilleurs métaux.

La maison avance plus vite que prévu
Je suis content mais pas détendu
Je sens au fond de moi
Une absence. Je ne suis donc pas en joie.

Oh et puis je laisse tomber,
Je m'allonge sur le canapé
Dès que j'ai un peu d'argent
Je l'utilise pour d'autres travaux à présent.

Un jour que je dors à poings fermés
Je me réveille d'un coup paniqué
Je me rends compte que je ne T'entends plus
Ma maison est là mais je me sens perdu.

Et je comprends ce qui manque à mon cœur
La présence du Seigneur
Certes j'ai des enfants, une belle maison
Mais je voulais Te demander pardon
Je T'ai mis volontairement de côté
Alors que Toi Tu n'as jamais cessé de m'aimer.

Mensonge

À quoi beau mentir
Sachant que cela fait souffrir ?

C'est vrai il n'est jamais
Facile de dire la vérité
Et pourtant
C'est très important.

Mentir fait mal aux gens que l'on aime
Alors arrête de leur causer des problèmes.
Mentir nous fait rentrer dans un tourbillon
Où Dieu laisse sa place au démon

La pureté est complètement partie
La joie, la plénitude et l'amour aussi
Alors même si ce n'est pas évident
Sois toi-même à chaque instant.

On aime une personne pour ce qu'elle est
Et non pas sur des vies inventées
Alors avant que ça te retombe dessus
N'aie pas peur de te mettre à nu.
Merci de bannir le mot mensonge
Même si des fois cela te ronge.

Seigneur merci car Tu es toujours à nos côtés
Durant les difficultés.
Les épreuves forgent notre personnalité
Et permettent de Te glorifier.

Dieu aime la sincérité
Alors ne te cache plus s'il te plaît.

Peur de l'engagement

L'amour de Dieu
Ne peut que te rendre heureux.

Conscients
De ne pas être assez grands
À certains moments.
Alors on a peur de l'engagement

Peur de mal aimer
De ne pas savoir bien donner
Nous nous sentons oppressés
Alors on a peur de s'engager.

Peur d'être rejetés
Qu'on puisse être jugés
Sur des actes passés
On veut rester où l'on est.

Mais arrête avec cette angoisse
Regarde-toi bien en face
Arrête de faire l'impasse
Sur Son amour et Sa grâce.

Ne te rabaisse pas
Prends cet amour cependant ne le garde pas
Mais telle l'odeur d'un parfum diffuse le
Cela rendra forcément quelqu'un heureux.

Léger, Corsé, boisé, fruité
Son amour parfait
S'adapte à nos besoins
Tu n'as qu'à lui tendre les mains.

Honte

Honte d'aimer Dieu
Je préfère fermer les yeux

Honte de L'aimer
Je préfère me retrancher

Honte de m'abandonner à Toi
Je préfère gérer seul mon cas

Honte de quémander
Je préfère me débrouiller

Honte d'avouer que Tu es le meilleur
Je préfère me dire que je suis à la hauteur

Honte de me dire que Tu peux m'aimer
Je préfère vivre avec mes capacités.

Et si t'arrêtais de vivre avec tes choix
Et de croire que tu es un roi.
N'aie pas honte de toi et encore moins de Dieu
Avec Lui ton avenir ne peut être que radieux.

Il pansera ton cœur blessé
Il saura t'aimer
À ta juste valeur
L'aimer c'est connaître le vrai bonheur.

Ne te cache pas derrière ce sentiment
Prends son amour et tu deviendras grand
La gêne t'empêche de t'approcher de Lui
Alors dès que la honte t'envahit

Arrête d'hésiter…
Son amour peut tellement t'apporter…

Persécution

Derrière ma fenêtre, je regarde au loin
Je repense à moi quand j'étais gamin
J'avais l'amour de mes parents
Mais ce n'était pas suffisant.

J'ai quitté la maison où j'ai grandi
Pas de long au revoir, un regard a suffi
Mes parents ont commencé à pleurer
J'ai pris ce chemin sans savoir où j'irai.

Le temps est passé, j'ai rencontré Dieu
Ma vie a changé, je me suis senti mieux
J'ai apporté cette joie en ville, en campagne
Ton amour m'a fait soulever des montagnes.

Certaines personnes me voyaient dangereux
Et ni une ni deux
Je me suis retrouvé
Dans une pièce, j'étais enfermé.

On voulait que je Te renie
Que je Te raye de ma vie
Ce que j'ai bien sûr refusé
Ma vie je suis prêt à Te la donner.

Mais digne et sûr de moi, je reste sur mon idée
Que Ton amour va me libérer
Je l'ai connu un jour
Il est en moi pour toujours.

Même si tu as mal, même si c'est dur
N'oublie pas l'amour de Dieu est et restera pur

Offense

Aimer avant qu'il soit trop tard
Avant de dire au revoir

Aimer sans tabou, sans gêne
Avant que ne surgisse la peine.

Aimer avec honnêteté
Avant que la mort vienne t'emporter
T'aimer est important
Oublions alors nos différends.

Qu'ils ne fassent pas, entre nous, d'obstacles
Arrêtons de nous donner en spectacle
Creusons enfin cet abcès
Aimons-nous dans la sincérité.

Je te pardonne ton offense
Pardonne-moi ce si long silence
Par orgueil je t'ai zappé
Aujourd'hui je veux tout effacer.

Marchons ensemble dans la même voie
Oublions nos cris et nos éclats de voix
Je t'aime et je te prie d'accepter
Ce poème qui t'est dédié.

L'amour vache je n'en veux plus
L'amour hypocrite non plus
Je veux entre nous un amour sincère
Et pour cela je le mets en prière.

À très vite je l'espère, je le crois, je le veux
Pour m'aider, je confie cette peine à notre Dieu

Trahison

Trahison
Un mot qui donne des frissons
Qui fait peur
Et accélérer mon cœur.

Traître
Un mot de sept lettres
Qui nous fait penser
À Judas sans hésiter.

Pourtant Jésus lui a pardonné
Il a continué à l'aimer
Cela faisait partie de sa destinée
Alors pourquoi nous quand on est trahis
On voit les gens comme des ennemis
On les rejette de notre vie comme des bannis

Oui pardonner ce n'est pas du tout évident
Mais parce que nous éprouvons ce sentiment
Alors l'amour de Dieu s'éloigne de nous
Ça m'attriste vraiment beaucoup, pas vous ?

Moi je veux baigner dans Son amour parfait
La trahison ne doit pas m'en empêcher.
Cela ne doit donc être en aucun cas une difficulté
Un obstacle impossible à surmonter.

Aimer
Verbe qui permet de se transcender
Mais aussi d'effacer
Tous les péchés.

L'inconnu

Peur de la vie ?
Accroche-toi à Lui
Monte vite à bord
Découvrir Ses trésors.

Une merveilleuse destinée
Un plan unique parfait
T'attendent rien que pour toi
Monter à bord est ton meilleur choix.

Avec Lui comme commandant
Tu vas vivre sereinement
Contre vents et marées
Il sera toujours à tes côtés.

N'aie pas peur de l'inconnu
Avance avec cette personne appelée Jésus
Il sait bien mener Son navire
Mais attention il faut bien te tenir

Pardonne les offenses et les gens malhonnêtes
Oublie alcool, sexe juste pour faire la fête
Tu dois marcher droit avec des valeurs
Tu dois ainsi effacer les péchés de ton cœur

Il est donc là pour nous c'est sûr
Mais il veut à Ses côtés des gens purs
Alors n'aie pas peur repens-toi
Un bon moussaillon tu seras !

Non méritant

Comment fais-Tu pour m'aimer ?
Pour tout me pardonner avec facilité
Parfois, je ne mérite pas Ton amour
Mais je le veux vraiment pour toujours
Grâce à lui je vis, je m'accroche, je me bats
Franchement, Tu es tout pour moi.

C'est pourquoi je veux vraiment gommer
Tous mes défauts qui doivent user
Ma famille, mes collègues, mes proches
Je veux être bon et ne pas rater le coche.
C'est la moindre des choses à faire
Afin que je sois plus proche de Toi Père.

Mais de mon côté
Faut que j'arrête de douter, de me rabaisser
Me trouver non méritant, je dois aussi l'effacer
Et tous les jours…
Je dois ouvrir les yeux, ne pas être sourd
À Ta voix, à Tes recommandations, à Ton amour

Sans Toi je ne marcherais pas droit
Sans Toi je n'aurais pas compris tout cela.
En écrivant, je vois que j'ai de la chance
Merci de Ta compréhension et de Ta patience

Ton amour est plus fort que tout
Les obstacles j'en viendrai à bout
Rien ne pourra me séparer
De Ton amour parfait rempli de pureté.

Paranoïa jalousie

Nous sommes des êtres qui ont peur de tout
Il nous arrive d'être possessifs et très jaloux
Mais cela va plus loin, nous devenons paranos
Nous sommes des êtres avec des défauts
Nous empêchant de voir au grand jour
Ta gloire et Ton amour.

Nous sommes des êtres protecteurs
Involontairement nous brisons des cœurs
À travers cet écrit, je parle en mon nom
Je Te demande donc pardon
Je veux voir Ta splendeur, Ta sainteté
Aujourd'hui, demain, pour l'éternité

Je veux me consacrer qu'à Toi
Je veux me retrouver dans Tes bras
Lieu où je me sens bien
Où peur, doute et chagrin
N'existent pas
Quelle joie !

Je ne veux donc pas me priver
De Ton amour et Ta pureté
Je veux tout faire pour Te ressembler
Transformer mes défauts en qualités
Afin, avec assurance, de pouvoir marcher
À Tes côtés.

Dispute

À peine finie la dispute, que déjà
Je me sens mal au fond de moi
Des rancœurs et des regrets
Commencent à me submerger.

Je sais que je n'aurais pas dû
Te pousser et te crier dessus
Je te demande avec sincérité
De bien vouloir me pardonner.

Notre amour doit régner
Les disputes doivent s'atténuer.
Avec le temps nous devons grandir
Et arrêter de se maudire.

On se jalouse, on se fritte
Je t'avoue ça m'irrite
Je préfère le temps où notre amour
Était présent nuit et jour.

On a chacun un orgueil mal placé
Mais faut qu'on arrive à le gommer
La preuve à cause de lui on s'est éloignés
Pourtant on était bien quand on s'aimait.

Je reviens vers toi, je suis blessé
Pardonne-moi d'avoir péché
J'espère qu'on reprendra tout à zéro
Ensemble je veux qu'on aille là-haut.

Ensemble dans l'amour, main dans la main
Malgré nos différences c'est notre destin

Partie 5
Les bénédictions à l'amour

> *En effet, j'ai l'assurance que ni la mort ni la vie, ni les anges ni les dominations, ni le présent ni l'avenir, ni les puissances, ni la hauteur, ni la profondeur, ni aucune autre créature ne pourra nous séparer de l'amour de Dieu manifesté en Jésus-Christ notre Seigneur.*
>
> Romains 8 :38-39

Diffusion

Aimer, c'est tout donner
Avec son cœur sans regret
Aimer, c'est sans compter
Son amour et le partager.

Ne pas rester dans son coin
Aimer son ennemi, son prochain
C'est ce qui nous est demandé
J'avoue ce n'est pas chose aisée.

Il faut donner sans attendre
Ne surtout jamais le reprendre
Il faut donner avec son cœur
L'amour est ce qu'il y a de meilleur.

Dieu aime tous Ses enfants
Même si on est tous différents
Mais en nous brille Sa présence
Alors ne Lui faisons pas offense.

Aimer sans compter
Apporte des opportunités
Tu te sentiras mieux
Tu répondras à ce que veut notre Dieu

Le souhait de propager l'amour
À tout le monde et tous les jours
Il est donc important d'aimer et être aimé
Dans la bienveillance et le respect.

L'amour apporte donc tant de lumières
Alors tu sais ce qu'il te reste à faire.

Rien

Rien ne me séparera
De Toi
Rien ne me coupera
De Toi

Ton amour puissant
Est immuable malgré le temps
Il est le même à chaque instant
Toujours là pour Tes enfants

Non rien ne peut nous séparer
De Toi, de Ta pureté
Non rien ne peut nous effrayer
Avec Toi nous sommes en sécurité

Ton amour divin
Est bon pour chacun
Je le sens au quotidien
Merci d'être aussi Saint.

En effet rien nous désunit
Depuis que Tu es rentré dans ma vie
Quel bonheur de T'avoir dit oui
Oh Seigneur un grand merci...

Tout, Tu es vraiment tout ce dont j'ai besoin
Un confident, un allié, un « copain »
Tu es mon sauveur
Je Te dédie les battements de mon cœur

Plus de mystère

Depuis que je suis petit
J'entends une expression qui dit :
« L'amour est aveugle » mais aujourd'hui
Je ne la prendrais pas pour acquis.

Certes quand nous sommes attirés
Par une personne qui nous plaît
Nous pensons à elle toute la journée.

Mais je trouve que l'amour de Dieu
Lui, nous permet d'ouvrir les yeux
Et rend plus de gens heureux.

En effet quand nous sommes touchés
De cet amour parfait
Nous n'avons qu'une envie : le partager

Aider autour de nous et parler de Toi
De Tes miracles et Ton sacrifice à la croix
Est mon nouveau quotidien parfois.

Ma journée est aussi ponctuée de prières.
Je suis devenu Ton enfant et Toi mon Père
Ton amour a percé quelques mystères

Notamment celui de la création
Qui soulève tellement de questions.
Merci pour l'ouverture de ce nouvel horizon

L'amour ouvre donc nos yeux, nos cœurs
Nos péchés ainsi se meurent
Laissant place à Tes plans de bonheur.

Mariage foi et amour

Nous pouvons aimer sans conviction
Sans véritables raisons
Par habitude nous aimons quelqu'un
Sans vouloir aller plus loin.

On l'apprécie,
On aime sa compagnie
On ne se pose pas de questions
On lui donne alors toujours raison.

Un amour d'habitude sans profondeur
Je trouve qu'il n'y a aucune saveur
Par contre en mariant la foi et l'amour
La puissance de Dieu se manifestera un jour

Ainsi notre foi nous montrera
Que Dieu agira
En notre faveur
Pour effacer nos malheurs.

Son amour sera présent
Pour nous démontrer constamment
Qu'il faut persévérer
L'amour et la foi sont donc liés.

Naissent alors des bénédictions
Qui vont au-delà de la raison
L'amour et la foi font bon ménage
À toi de les mettre à la première page.

Bienveillance

J'aime apporter le bien
À mon prochain.
J'aime être bienveillant
Et ce à chaque moment.

L'amour que me donne le Seigneur
Fait donc chavirer mon cœur.
Tous ces instants de bonheur
Effacent toutes mes profondes peurs.

L'amour d'un Dieu parfait comme Toi
Me pousse à marcher dans Tes pas.

Ton amour m'enivre tel un doux élixir
Que c'est bon de se laisser partir...
De faire confiance et de lâcher prise.
Ton amour a une telle emprise
Sur moi que je ne peux plus
Vivre sans essayer d'être comme Toi Jésus.

Je veux continuer à aider et encourager
Toutes les personnes en difficulté.
Je veux répondre toujours présent
Et ce à tout instant.

Si tu as besoin de moi
Je veux être toujours là pour toi.

Être constamment à ton écoute si tu as besoin
L'amour de Dieu m'a vraiment rendu serein
Quelle belle bénédiction d'être chrétien !

Sagesse

L'amour est beau,
L'amour est chaud
L'amour sensuel
Brûle les ailes.

Maîtriser nos désirs par la raison
Voilà notre mission
Discerner ce qui est de notre fait
Et ce qui est imagé.

La sagesse que l'on obtient au cours de notre vie
Avec le temps nous construit ;
Cela ne vient donc pas d'un coup
Même si on aimerait beaucoup.

L'amour nous rend donc plus sage
Nous aide à tourner la page
D'une déception, d'une déchirure
D'un coup bas, d'une blessure.

Aimer permet bien souvent
D'aller de l'avant
D'essayer donc de pardonner
Le mal qui nous a été fait.

D'où l'importance de prendre du recul
Pose-toi, n'aie pas peur du ridicule
Fais parler la sagesse qui est en toi
Nul ne doute que toujours elle t'aidera.

Paix

Je marche à Tes côtés
Dans la paix
Dans la sérénité.

Je marche avec Toi
Pas à pas
Dans une grande joie

Et je cours
Je découvre Ton amour
Mais certains jouent aux sourds.

Je cours vers Toi Seigneur
Tu m'apportes le meilleur
Tu fais battre mon cœur.

Essoufflé, je me pose
Je Te livre mes idées moroses
Avec Toi je me repose.

Avec Toi j'ai pris une dimension
Ton amour est une bénédiction
Que Tu as donnée sans frustration

Comme Toi je veux arriver
À pouvoir donner
Sans me sentir jugé.

Comme Tu le sais très bien
Tant de gens sont dans le besoin
Comme Toi je veux leur tendre la main

Savoir changer

Quand arrive le 1er janvier
Commence une nouvelle année
On est rempli de bonnes résolutions
On est prêt pour une nouvelle saison

La chair nous fait trembler
Nous fait vaciller
Nous fait chuter
Et on doit tout recommencer.

Perdue, notre détermination
On appelle Dieu et ses bénédictions
Quelle grâce il répond rapidement
Aussi sec je me repens.

Avec mes forces j'ai trop joué
J'en ai trop abusé
Je n'aurais pas dû
Pardon Jésus.

La chair nous rendant odieux
On a besoin donc de l'amour de Dieu
Vivre par ses forces humaines
Croyez-moi ça ne vaut pas la peine.

N'attends pas le 1er janvier
Pour te remettre en question et changer
Ne vivez pas seulement avec des résolutions
Mais recherchez donc plutôt les bénédictions.

Dieu est toujours à nos côtés
Alors n'hésitez pas à l'appeler.

Champ d'amour

Tel un vaste champ d'amour
Nous devons propager Ton amour
Avant Ton retour.

L'amour nous porte
L'amour nous transporte

Tel un champ quand on sème
Des graines appelées je t'aime
Sous terre on enfouit nos problèmes.

Puis quand la saison viendra
L'amour se répandra
L'amour brillera.

L'amour nous porte
L'amour nous transporte

Vers un sentiment merveilleux
Qui nous rend heureux
C'est l'amour de Dieu.

Ton amour nous porte
Ton amour nous transporte

Délivrance

Je sors d'un bus avec un garçon
Dont à priori je ne connais pas le prénom
Je sais qu'il faut courir et qu'il fait nuit
Sans réfléchir je le suis.

Alors que je le vois devant moi
Moi je cours tout est plat
Lui il évite des voitures, des passants
Il passe au rouge en courant
Moi je passe au vert tranquillement
Je n'ai rien qui m'empêche d'avancer
Alors que lui tout est fait pour le contrôler
Et puis on arrive enfin, il est essoufflé
Alors que moi j'ai un air calme et reposé

Ce garçon était Gilles mon meilleur ami
Me reconnaissant il me dit
« Comment tu as fait pour éviter
Ces nombreux obstacles avant d'arriver ? »

Je réponds simplement « Dieu est avec moi »
Et là un arc-en-ciel devant moi se déploie
Avec une pancarte où il était écrit Confiance
T'avoir donc à mes côtés est une délivrance

Rien ne s'opposera à ma destinée
Je dois écrire et propager
Ta parole à travers les mots je le sais
J'en suis plus que convaincu
Et je le ferai avec amour au nom de Jésus.

Voilà le message que Dieu m'a passé
Je tenais à vous le faire partager.

La grâce

Dans une impasse,
Je marche mais je suis vite coincé
Mes doutes je les chasse
En commençant à prier.

Dans une impasse,
À genoux, je T'implore
En demandant Ta grâce
Ainsi mes craintes Tu les dévores.

Dans une impasse
Tu m'as relevé
Je ne me sens plus à la ramasse
Mais enfin prêt.

Dans une impasse
J'ai reçu Ton amour comme bénédiction
Je ne suis plus dans l'impasse
Au loin un nouvel horizon.

Sur ce nouveau chemin
Je suis un homme transformé
Je me sens bien
Je marche à Tes côtés.

Sur ce nouveau chemin
Je vis avec mon nouveau cœur
Je profite de mon destin
Merci de m'avoir touché Seigneur.

Un jour ton impasse se transformera
En chemin, crois-le et garde la foi.

Bénissons Ton nom

Bénir Ton nom
Exalter Tes bénédictions
Ne pas faire de sa vie un monde pécheur
Impossible de vivre sans Toi dans mon cœur
S'il te plaît Seigneur aide-moi, j'ai besoin de
Sentir ta présence mon Dieu
Oublier ma vie antérieure de péchés
Nul doute que je peux y arriver
Surtout que comme sauveur je Te reconnais.

Tu es là avec nous tous les jours
On aime tellement Ton amour
N'ayons pas peur Tu es là pour toujours

N'ayons aucune limite, fixons l'horizon
On avance vers une nouvelle direction
Mais n'oublions pas de bénir Ton nom.

Partie 6
Les sentiments

Si j'ai le don de prophétie, la compréhension de tous les mystères et toute la connaissance, si j'ai même toute la foi jusqu'à transporter des montagnes, mais que je n'ai pas l'amour, je ne suis rien.
1 Corinthiens 13 :2

Intensité

Quand je parle de Toi
Je sens un frisson en moi
J'aime parler de nous
Parler de Toi sans tabou.

Quelle sensation agréable
De sentir que je suis capable
De parler de mon attachement pour Toi
Sans être jugé pour ce que je crois.

Pour être heureux on dit de vivre caché
Mais moi je me refuse à cette idée
T'aimer est une joie de tous les jours
Alors je veux célébrer cet amour.

En Toi j'ai mis mes espoirs
Mes doutes je leur ai dit au revoir
Ma foi est ce qui me fait avancer
Les incertitudes sont donc oubliées.
Je Te voue un amour puissant

En retour j'ai Tes bras rassurants
Tous les deux nous sommes unis
Et j'en suis ravi.

L'amour est un sentiment merveilleux
Le vivre avec réciprocité est encore mieux
Sache que Dieu peut vraiment te l'offrir
Alors n'hésite plus confie-lui ton avenir.

Fidélité

Amour ne rime pas avec fidélité
Pourtant on ne peut pas les dissocier

Quand on aime, on ne trompe pas
Quand on aime, on ne ment pas.
En effet aimer c'est tout donner
À la personne convoitée.

On n'hésite pas à se livrer entièrement
On n'a pas peur de dire ce qu'on ressent.
Savoir aimer ce n'est pas évident
Des fois on ressent ce sentiment
Quand on pense que l'on ne donne pas assez
Mais donner son cœur avec sincérité

C'est cela savoir aimer.
Aimer ou être aimé
Pour moi je n'ai pas de préféré
Je prends les deux
Au nom de notre Dieu.

J'aime T'aimer. J'aime Ton amour
J'aime Te donner et recevoir Tes retours
J'aime me donner à Toi
Sans langue de bois.

J'aime Ta compagnie
C'est pourquoi je Te dis toujours oui
Je Te serai fidèle jusqu'au bout
Pour Toi aucune gêne, aucun tabou

Attachement

Je ne T'ai pas connu depuis petit
Et pourtant la vie
A fait qu'aujourd'hui
Nous sommes réunis.

Attaché à Toi maintenant
Je veux aller de l'avant
Non pas que la tristesse m'oppressait
Mais je dois bien l'avouer
Depuis que je Te connais
Ma vie a changé.

Je veux encore plus donner
Je veux encore plus partager
Ce que j'ai eu
Ce que j'ai reçu.

Nous sommes donc Toi et moi
À priori deux si je ne me trompe pas
Mais au fond je sens à l'intérieur
Que nous faisons qu'un dans mon cœur.

L'amour réciproque que l'on se porte
Cassera toutes les blessures fortes
Qu'un jour peut-être
Je vais connaître

En attendant nous sommes liés
Et ça personne ne pourra jamais
Le contredire
Le détruire

Exalté

Amour exalté
Amour que j'ai envie d'exprimer
Que je souhaite hurler
Pour être sûr que vous l'entendiez.

Contre vents et marées
Je Te vouerai
Un amour imparfait
Mais un amour vrai.

N'étant pas vraiment parfait
Je sais que je peux vaciller
Mais Ton amour est mon rocher
Sur lequel j'aime m'appuyer

Amour de gaieté
Que j'ai envie de distribuer
Que j'ai envie de donner
À toi, à vous sans compter.

Amour d'un homme comblé
Par Ton amour insensé
Qui par ces mots posés sur papier
Souhaite simplement le partager

Amour plein de bontés
Tu remplis toutes mes pensées
Ton amour de paix
Fais de moi un homme à Tes pieds.

Ressenti

Oh Seigneur je me mets à Tes pieds
Jurant toute fidélité
Je veux connaître la Vérité.

C'est pourquoi…

Oh Seigneur je m'en remets à Toi
Refusant tout combat
Je veux être en joie

Pourquoi ? C'est comme cela

Oh Seigneur je me mets à genoux
Je T'exalte, je Te loue
Pour Toi je suis prêt à tout.

Pourquoi ? C'est mon choix

Oh Seigneur j'aime T'appartenir
À Tes côtés rien ne peut me détruire
Avec Ton amour j'arrive à tout accomplir.

Pourquoi ? Pourquoi ?

Toujours demander
Oh Seigneur je ne veux pas T'offenser
Mais recevoir Ton amour et Ta paix

C'est pourquoi…

Aujourd'hui je veux activer Tes bénédictions
Et avancer sans crainte vers l'horizon.

Un amour

Un amour d'animal
Un amour bien pâle
Un amour coloré
Un amour chanté

Un amour de mari
Un amour de femme épanouie
Un amour d'une femme mariée
Un amour maîtrisé
Un amour de concessions
Un amour de passions
Un amour de patience
Un amour de bonheur immense
Un amour d'enfants
Un amour de parents

Un amour héroïque
Un amour patriotique
Un amour de changements
Un amour prudent
Un amour malsain
Un amour chagrin

Un amour inconditionnel
Un amour naturel
Un amour sincère
Un amour de prière
Un amour d'un jour
Un amour pour toujours

Un amour merveilleux…
C'est l'amour de Dieu.

Une rencontre

Cela tape à ma porte d'entrée
Je n'attends personne, je me demande qui c'est
Curieux, j'ouvre la porte et qui je vois ?
L'amour qui me tend les bras.

Il me demande alors de rentrer
Je l'accueille un peu intimidé
Mais très vite il me met à l'aise
Lui dans un fauteuil, moi sur une chaise

On discute pendant longtemps
M'explique son rôle important
Je comprends alors que je dois
Lui laisser la place au fond de moi

Mettre sur l'orgueil un mouchoir
Pour le jeter et lui dire au revoir
Moi je veux baigner avec l'amour
Je veux qu'il m'accompagne tous les jours.

Puis on décide de sortir main dans la main
Rencontrer les gens qui ont besoin
De cet amour inconditionnel, bon
Qui nous fait ouvrir nos ailes tel un oisillon.

Apporter cet amour à tous les gens
À travers des témoignages puissants
Voilà ce que je veux faire dorénavant
Les poèmes font partie de mon cheminement

Plénitude

Encore un matin
Où je me sens bien
Aucun chagrin

Encore une journée
Où je veux Te louer
Pour ce que Tu as fait

Encore une nuit
Où je Te dis
Merci

Il n'y a pas un seul instant
Où Tu es absent
Où Tu n'es pas présent.

Tu as fait de ma vie un rêve
Où ma raison s'achève
Pour Toi chaque jour je me lève

Merci pour ce renouveau
Où tout est beau
Où règne l'absence de maux.

Où que tu sois
Il sera toujours là
Alors accroche-toi.

Où il y'a de l'amour
Dieu y sera toujours
Alors cherche-le sans détour.

Ma déclaration

Un cœur qui aime ne doit pas perdre espoir, il doit se battre malgré les aléas que la vie peut réserver. Il doit aussi apprendre à faire confiance et à se ménager sous peine d'avoir un infarctus.
Un cœur est donc fragile et solide à la fois. Affecté il peut s'emballer mais affermi il peut être fort. Il ne faut pas oublier que sans lui nous ne pouvons plus vivre.
Ce cœur c'est le mien, il se remplit chaque jour un peu plus de Toi et il Te dit tout simplement « Je T'aime ».
Comme un vase que l'on remplit, je veux que Tu m'apprivoises à chaque moment et si Tu débordes il n'y aura pas de gâchis car je remplirai d'autres cœurs de ton amour.
Me battant en Ton Nom sache que je Te suis reconnaissant de chacun de mes battements de cœur que Tu m'offres.
Jusqu'au jour où Tu décideras que ces derniers s'arrêtent... Ainsi à ma mort terrestre on pourra lire dans mon cœur : « ici a reposé le sauveur de sa vie ».

Sentiment

Un sentiment palpable
Un sentiment capable
De déplacer des rochers
Tu connais ?

Un sentiment étrange
Un sentiment où se mélangent
L'excitation et la timidité
Tu connais ?

Un sentiment léger
Un sentiment de paix
Où l'on aime se réfugier
Tu connais ?

Ce sentiment je l'ai connu deux fois
Pour ma femme et pour le Roi des Rois
Les enfants peuvent surprendre parfois
C'est pourquoi je ne les cite pas.

Mais une chose est sûre
Si tu cherches un amour pur
Écoute bien la voix de ton cœur
C'est lui le vrai moteur

Il te fera avancer vers cette route
Où les obstacles du doute
N'existeront pas.
La seule priorité : avoir la foi.

Lettre capitale

Comme un éclair en pleine nuit
Telle une lumière qui surgit
Ton amour m'a conquis
Tu as changé ma vie.

Au début Tu m'intriguais
Puis une fois que je T'ai rencontré
Je T'ai comme adopté
Et j'ai fini par T'aimer.

Vivant sans raison pour m'accrocher
Tu m'as appelé puis extirpé
Tout était noir, tout était malheur
Tu es arrivé tel un sauveur.

Unis, se projetant dans la même direction
Voilà ma vie et sa toute nouvelle définition.
Aujourd'hui j'aime notre amour partagé
Avec Toi, à chaque instant je suis émerveillé.

Si à l'avenir Tu dois me quitter
Je Te jure que je reviendrai sans tarder
Je Te dirai des milliers de beaux « je T'aime »,
T'écrirai une infinité de merveilleux poèmes.

À genoux devant Toi, je T'implorerai
Sans me cacher
Je crierai alors au monde entier
Toute la vérité.

Une d'elles est inscrite dans mon cœur
En lettre capitale : « JE T'AIME SEIGNEUR »

Partie 7
Évangélisation

Bien-aimés, aimons-nous les uns les autres, car l'amour vient de Dieu, et toute personne qui aime est née de Dieu et connaît Dieu.
1 Jean 4 :7

Prophétie

J'ai fauté, la culpabilité m'envahit
Tel un voleur qui se cache en pleine nuit
Je rase les murs par peur qu'on me reconnaisse
Je disparais et laisse place à la tristesse.

Je m'éloigne du monde,
L'orage gronde
Je suis dans la rue
Je suis perdu.

Mais pourquoi cet isolement
Car comme je l'ai dit auparavant
J'ai fauté : j'ai osé dire Jésus est vivant
Depuis certaines gens sont méprisants

Rejeté, je m'en remets à Toi Seigneur
Brise mes chaînes, Toi mon sauveur
J'ai besoin vraiment de Toi
Je suis complètement en désarroi.

Abattu, mais je reste fixe sur mes idées
Tu es vivant et je le sais
Ton amour va me ressourcer
Et je vais leur prouver.

Le temps est passé, je me sens mieux
J'ai changé, je transmets Ta parole mon Dieu
Oui je suis devenu Pasteur depuis peu
Parler de Toi à tout moment me rend heureux.

Ce désert m'a permis d'assumer qui j'étais
Merci Seigneur, d'un poids tu m'as délivré.

Changer par amour

Sans états d'âme nous vivons égoïstement
En pensant qu'à nous à tout moment.
Insoumis nous commettons des péchés
Galvanisés par notre propre fierté.
Nous vivons que par nos forces elles-mêmes
Et c'est bien cela le problème…
Unis avec le diable et ses idées malsaines
Relevons la tête et brisons cette chaîne.

Pardonne-nous pour ce que nous avons dit
Auparavant car nous n'avions rien compris.
Rares sont ceux qui acceptent totalement Ton autorité,
Délivre-nous de ce passé.
O Seigneur efface notre remords intérieur
Nous voulons vraiment laver nos cœurs.
Nous voulons que Tu redeviennes numéro un
Et que Tu sois notre souverain.

Nous savons que Tu nous aimes puissamment
Où que nous soyons Tu es toujours présent.
Une présence qui nous fait du bien
Surtout dans ces moments incertains.

Acceptation

Je T'ai accepté et Tu m'as dit
« N'aie pas de limite dans la vie »
Je l'ai bien compris
C'est pourquoi, avec bonheur, je T'obéis

Tu m'as dit « Je te dicte et toi écris »
Je T'ai dit oui
Je mets des mots pour faire des poésies
Voilà ma nouvelle vie

Je véhicule toutes les idées
Que tu m'as confiées
À travers ces pensées
Je partage Ton amour insensé.

Te connaître a tout changé
Tu m'as fait découvrir ma destinée
Tu m'as montré mes capacités
Et ce que je devais faire pour T'honorer.

Merci pour Ton dévouement
Pour Ton amour extravagant
Avec Toi je vois les choses en grand
Alors toi qui me lis rejoins-nous rapidement

N'attends pas le bon moment
Profite il est encore temps
Dieu est déjà présent
Il t'attend patiemment.

Ouvre ton cœur, accepte-le
Tu verras Il est merveilleux.

Où en es-tu ?

Tu es en désarroi ?
N'attends pas
Convertis-toi
Repens-toi

Tu es en pleurs ?
Parle au Seigneur
Ouvre ton cœur
Il est là à toute heure.

Tu es perdu ?
Crie au nom de Jésus
Mets-toi à nu
Il te donnera de belles vertus.

Tu es désorienté ?
Tu ne sais où aller
Ni par où commencer
Rassure-toi il est à tes côtés.

Tu es impatient ?
Tu veux femme et enfants
Reste focus et patient
Dieu est juste et grand

Tu es devenu heureux ?
Gloire à Dieu
Il t'a ouvert les yeux
N'est-il pas merveilleux ?

Ne recule pas

Pourquoi quand on parle de spiritualité
Beaucoup de gens se disent non intéressés ?
Ont-ils peur de découvrir la vérité ?
En tout cas nombreux sont inquiets
Dès qu'on prononce le mot Dieu
Et ouvrent grand les yeux !
Par peur des mots qui vont sortir
Angoissés par ce qui va se dire
Certains préfèrent partir
Moi j'ai préféré Le découvrir.
Certes je suis allé au départ à reculons
Mais aujourd'hui je vis tant de bénédictions
Que je t'encourage à aller vers Lui
Alors ne perds pas de temps avec des si
Des craintes, des hésitations, des doutes
Avance vers Lui et prends la bonne route

Ne sois pas dans un état d'inquiétude
Même si parfois ce sera très rude
Mais Dieu a des plans parfaits pour toi
Alors avance, fais ce pas de foi
Qui va bousculer ton existence à tout jamais
Ta nouvelle vie ne sera pas comme ton passé
Tu seras délivré de tes angoisses
Ta vie n'aura plus aucune impasse

Tu peux tracer ta route en toute sécurité
Dieu a tout prévu pour ta destinée
Approche-toi de Lui, tends-Lui la main
Avec Lui tu ne formeras plus qu'un
Grâce à l'Esprit saint
Alors être chrétien, ça ne te dit toujours rien ?

Postface

Dieu est amour donc c'est indéniable. Son amour ne change pas, il est si puissant si insensé qu'il est parfois très difficile de l'accepter.

Merci pour le sacrifice de Ton fils à la croix, il est évident que c'est LA plus belle preuve d'amour que Tu nous as donnée.

À noter également qu'il a aussi son propre caractère mais reste PARFAIT et c'est ce que nous allons voir dans le prochain tome.

En attendant, n'hésitez pas à diffuser l'amour du Christ autour de vous. Ci-joint, le QR Code afin de visiter le site de notre association « Les lumières de David » si vous souhaitez suivre l'actualité de celle-ci ou nous bénir par des dons.

À bientôt, et n'oubliez pas de dire aux gens que vous les aimez avant qu'il soit trop tard…

Soyez bénis !

Remerciements

Merci à Nickson pour la préface. Sois conduit dans ton appel ; Que ta musique puisse toucher un plus grand nombre de personnes, que l'amour de Dieu puisse encore plus percer par tes chants !

Merci à mes parents pour leur amour qui m'a permis de manquer de rien (vacances, cadeaux, câlins, aides, amour…), certains diront qu'en étant fils unique c'est plus facile, je dirais que tout dépend de l'éducation que nous avons reçue. Merci de m'avoir consolé, m'avoir mis dans le droit chemin, vous êtes des parents formidables. Vous m'avez beaucoup inspiré et je garde un souvenir merveilleux de mon enfance et de ce que nous avons vécu ensemble. Je vous aime !

Merci aux princesses qui vivent à mes côtés et me donnent tout l'amour que je veux. C'est vrai qu'en tant que beau-père parfois ce n'est pas simple mais merci de m'appeler « papou » et d'égayer ma vie. En tant que père, aujourd'hui nous sommes passés de « papa » à « pap ' » tu as grandi tu as aujourd'hui sept ans merci pour tes mots réconfortants, tes dessins et ton sourire que tu m'adresses chaque jour ! Je vous aime !

Merci à mes frères et sœurs de leur encouragement. Vos marques d'affection et de confiance pour l'association « les lumières de David » me touchent beaucoup. Le but de l'association est d'évangéliser à l'international par l'apport spirituel (témoignages et poèmes par exemple) et l'apport matériel (fournitures, vêtements etc.) C'est unis que nous y arriverons ! C'est donc ensemble que nous serons plus forts !

Merci à ma femme d'avoir contribué au plan de cet ouvrage, pour son soutien et son amour. Merci de m'aimer comme je suis, de m'accepter et me respecter. « On s'aime, on sourit ». Je t'aime !

Et merci à Dieu qui m'a inspiré l'ouvrage que vous avez entre les mains.

Cet amour qui est en moi
Me remplit de joie
Et comme Jésus le fait
Je souhaite le diffuser.

Pour aller plus loin…

Jésus, Toi qui peux me guérir
Je suis fatigué de souffrir
Aide-moi
Délivre-moi

Jésus, Toi qui as effacé mes péchés
Ton sang a coulé
Purifie-moi
Lave-moi

Jésus, pardonne-moi
J'ai tant besoin de Toi
De Ta bonté
De Ta pureté

Toi qui es le divin Créateur
Je Te donne mon cœur
Façonne-le
Et ouvre mes yeux

Je veux T'appartenir
Ta main je veux la tenir
Je Te fais confiance
Tu es ma délivrance

Je déclare ainsi à travers ces vers
Que je T'accepte comme mon Père,
Comme mon Sauveur et Seigneur personnel
Et que je T'adore Éternel !
Seigneur merci pour Ton fils
Merci pour ce sacrifice
À jamais reconnaissant
Je suis heureux d'être aujourd'hui Ton enfant

Amen !!

Imprimé en France
Achevé d'imprimer en mars 2023
Dépôt légal : février 2023

Pour

Le Lys Bleu Éditions
40, rue du Louvre
75001 Paris